Éditions du Trésor
38, rue d'Aboukir Paris IIe

www.editionsdutresor.com

L'OR DE SIPÁN

ÉDITIONS DU TRÉSOR

UN MYSTÉRIEUX JOURNAL DE BORD

Le document que vous tenez entre les mains nous a été transmis par un certain Bastien L. Le courrier suivant l'accompagnait.

« Tout a commencé lorsqu'un ami m'a fait cadeau d'un vieux manuscrit qu'il avait acquis dans des circonstances qu'il n'a pas souhaité me détailler. Il s'agissait du journal de bord d'un aventurier dont je n'ai malheureusement pas pu, à ce jour, retrouver l'identité exacte. Le carnet avait beaucoup souffert du temps et de l'humidité, mais en étudiant le papier utilisé, l'encre et la graphie de l'auteur, j'ai pu le dater de façon approximative du début du XXe siècle. Ce journal décrivait comment il avait fait l'incroyable découverte d'une cité perdue au milieu d'une jungle d'Amérique du Sud. À la fin de son récit, l'auteur indiquait avoir rapporté un souvenir de son périple : une fabuleuse statuette d'or aux yeux d'émeraudes. Le carnet était accompagné d'une carte, elle aussi abîmée par les années.

Rapidement, l'histoire de cet aventurier m'a obsédé. Ses notes avaient une véritable emprise sur moi et plus je les lisais, plus je croyais y déceler des indices. La carte, quant à elle, ne me paraissait pas avoir une quelconque vocation géographique tant les éléments qui y figuraient semblaient disparates…

Il me fallut de longs mois de recherches pour percer le mystère de ces documents. J'avais vu juste : les indications habilement camouflées par l'auteur dans son récit et sur la carte formaient des instructions. Ces dernières m'ont permis de localiser le lieu où il avait enterré le fabuleux trésor qu'il avait rapporté en France ! J'ai finalement découvert la cache dans la forêt de ... et c'est avec beaucoup d'émotion que j'ai délicatement extrait l'idole en or du coffre dans lequel elle avait été dissimulée par mon aventurier anonyme, il y a de cela bien longtemps.

Alors que j'arrive désormais à la fin de ma propre aventure, je souhaite que ce trésor trouve un nouveau propriétaire. Pour cela j'ai replacé la statuette dans sa cache d'origine, et je vous confie maintenant une reproduction fidèle de la carte au trésor ainsi qu'une retranscription du précieux manuscrit (y compris les notes que j'ai moi-même ajoutées dans la marge) afin que vous, les Éditions du Trésor, les partagiez avec le plus grand nombre. Puisse l'or de Sipán trouver un inventeur digne de ce nom !

Votre dévoué, Bastien L. »

PREMIERS PAS

Vous êtes sur le point de vous lancer dans la quête de l'or de Sipán et vous vous sentez un peu perdu ? Rien de plus normal. Voici quelques astuces pour vous aider à débuter...

Une chasse au trésor organisée, qu'est-ce que c'est ?

Un coffre a été caché quelque part en France par un mystérieux aventurier. L'objectif de cette chasse est donc de localiser l'endroit précis où a été enterrée cette contremarque que vous devrez nous présenter afin d'être déclaré vainqueur du jeu et d'empocher le lot d'une valeur de 50 000 euros. Pour cela, il va vous falloir résoudre toutes les énigmes contenues dans ce livre. Une résolution partielle des énigmes ne permettra pas de trouver l'endroit précis où a été caché le trésor, il est donc inutile de vous déplacer tant que vous n'avez pas résolu l'intégralité de la chasse !

On peut comparer cette chasse au trésor à une malle dans laquelle plusieurs puzzles auraient été mélangés. Assembler les premières pièces peut paraître difficile, mais plus on avance dans le jeu et plus on en comprend la logique. Commencez donc par collecter le plus d'informations possible. Au fur et à mesure de votre progression, vous serez amené à démêler les indices enchevêtrés et à déduire quels éléments correspondent à quelle énigme. Vous comprendrez alors que rien n'a été laissé au hasard et que toutes les pièces du puzzle s'emboîtent parfaitement afin de vous permettre de mener à bien votre quête.

Comment fonctionnent les énigmes ?

Comme vous allez très vite vous en rendre compte, cette chasse au trésor est composée de plusieurs énigmes. La première étape du jeu est donc de les identifier, en sachant qu'elles sont toutes constituées, dans des proportions variables, de trois éléments : les indices cachés par le mystérieux aventurier dans la carte au trésor (que vous trouverez en dépliant la jaquette du livre), les indications camouflées dans son journal de bord, et les annotations griffonnées dans les marges de ce dernier... À vous de comprendre quoi en faire !

Quels outils sont nécessaires ?

Certaines énigmes peuvent nécessiter des recherches documentaires, mais à l'heure d'Internet cela ne devrait pas présenter de difficulté particulière. Prévoyez simplement un carnet dans lequel noter toutes vos observations. Vous ferez ainsi plus facilement le rapprochement entre certaines de vos découvertes. Une carte de France vous sera également utile pour identifier la zone finale. Et, bien sûr, il faudra vous munir d'une pelle pour aller déterrer le trésor lorsque vous aurez découvert où il se trouve...

Où obtenir des indices et des informations sur l'avancée de la chasse ?

Bastien L., qui est le premier à avoir découvert la statuette de Sipán avant de la mettre en jeu, se propose de vous aider de temps en temps si vous veniez à vous perdre en chemin... Pour ne rien manquer des indications supplémentaires qu'il pourrait vous révéler et des séances de questions/réponses qui seront organisées avec lui, vous pouvez vous abonner à la newsletter de notre site Internet (editionsdutresor.com) et suivre la page Facebook du jeu (facebook.com/lordesipan).

Très belle chasse au trésor à tous !

Jour 1

Bien arrivé au Pérou ce vendredi. Je ne suis pas mécontent de retrouver la terre ferme après l'interminable traversée qui m'a mené depuis le Tonkin jusqu'ici, où ma quête va véritablement débuter. À bord, le temps m'a paru bien long car je préfère définitivement le plancher des vaches à celui des pontons de navires. Pourtant les vents nous ont été favorables, comme n'a cessé de me le répéter notre capitaine.

C'est le cœur léger que je saute sur le quai du petit port de pêcheurs où nous avons débarqué. Vers midi, alors que je réunis mes affaires, *el capitán* Diego vient en personne me saluer une dernière fois. Il ignore la main que je lui tends et me serre dans ses bras. Cet élan me surprend car depuis que je le connais, il n'a jamais laissé transparaître la moindre émotion. Au cours de notre long voyage, j'ai eu le temps de lui conter par le menu le but de mon expédition et je sens dans son regard qu'il n'est pas aussi confiant que moi quant à l'issue de mon aventure. Il insiste pour que je fasse attention et me dit qu'il priera pour moi. Je le remercie et me mets immédiatement en route. Sans me retourner, je prends la direction du petit village dont on m'a parlé.

/ \ + \ - M + = - \ D -

Je marche d'un bon pas. La nuit est tombée rapidement, mais je continue à avancer, accompagné de quelques lucioles qui me guident le long des routes obscures. Finalement j'aperçois une sorte d'auberge où je décide de m'arrêter pour dormir. Allongé dans un lit aux draps crasseux, je fixe le plafond. J'ai toutes les difficultés du monde à trouver le sommeil, mon esprit est assailli de questions: les documents que j'ai en ma possession sont-ils authentiques? La cité qu'ils mentionnent existe-t-elle réellement? Les légendes qui y sont associées ont-elles un fond de vérité? Je finis par me laisser glisser dans les bras de Morphée, aidé par le verre d'alcool local que la femme du propriétaire m'a apporté.

***

Jour 2

Réveil très matinal. Petit-déjeuner vite avalé afin de repartir au plus vite sur la route poussiéreuse. Le vent efface les traces de mes pas derrière moi. Après plusieurs heures de marche j'arrive enfin au village que je cherchais. Si j'en crois ce qu'on m'a raconté, c'est le dernier lieu habité avant les territoires sauvages où je compte m'aventurer.

Q / x C x = = x S Q /

Cette journée va être dédiée à deux étapes cruciales pour la réussite de mon expédition: acheter les vivres nécessaires à ce périple dont je ne connais pas encore la durée, et, surtout, me mettre en quête d'un guide digne de ce nom pour me permettre d'avancer dans la jungle où j'aurais vite fait de me perdre seul.

Assez rapidement on m'oriente vers le *padre* Pablo Maria qui tient la petite paroisse du village et dont on me dit qu'il connaît tous les habitants. Il m'accueille chaleureusement et je lui expose l'objet de mon expédition. Aussitôt, il me répond qu'il lui semble peu probable qu'une quelconque civilisation ait construit quoi que ce soit dans la jungle! Toutefois, il est d'accord pour me présenter quelques paysans qui connaissent bien les environs et qui seraient susceptibles de m'aider à ne pas m'égarer dans cette région inhospitalière.

Débute alors pour moi un long parcours du combattant. Accompagné du *padre*, je vais de maison en maison, puis d'un champ à un autre... et partout, j'essuie le même refus. Sans même me demander combien je suis prêt à les payer, tous les villageois que je rencontre secouent la tête d'un air sombre: il est hors de question pour eux de me guider dans ces territoires méconnus qui semblent les effrayer.

- S O \ T / T - = x S

Alors que je commence à désespérer, un enfant me tire par la manche. Je crois comprendre que son grand-père a des informations à me communiquer. Nous le suivons donc jusqu'à une vieille maison en pierre. Devant un café bouillant, un papy édenté à l'âge incertain nous raconte une histoire qu'il tient de son propre grand-père. Soudain un frisson me parcourt l'échine quand je crois entendre un mot que j'ai, pour le moment, pris soin de ne pas prononcer. C'est bien ça : le vieux monsieur est en train d'évoquer spontanément la cité que je suis venu chercher ! Encouragé par mes questions, il poursuit son récit dans un mélange d'espagnol et d'une langue qui pourrait être du quechua. Le curé me traduit ses paroles au fur et à mesure, ce qui me permet de suivre sa fabuleuse histoire dans les moindres détails.

Il nous explique comment un groupe de *gringos* est venu, il y a bien longtemps de cela, désireux – comme moi – d'aller vers des contrées où nul ne se rend. Finalement, personne n'ayant été assez fou pour les accompagner, ils se sont enfoncés dans la forêt, sans guide. Après plusieurs semaines, seul l'un d'eux est revenu, vêtu de haillons, à moitié délirant. Tous ses compagnons étaient morts dans d'obscures circonstances. Quant au pauvre bougre, il tenait des propos incohérents au sujet d'une cité de pierres dans laquelle il aurait trouvé... Les yeux brillants, le vieil homme s'interrompt et fixe le curé en marmonnant quelques mots. Le *padre* me regarde à son tour et traduit: « De l'*or*, un véritable *tas* d'*or*... » Un long silence s'ensuit. Puis le curé se lève en riant et me dit qu'il ne croit absolument pas à ce genre de légendes.

Je ressors de cette entrevue avec des sentiments contradictoires: cela renforce ma conviction sur l'authenticité des documents en ma possession, mais j'ai désormais un solide doute quant à ma capacité à trouver un guide. Pourquoi réussirais-je là où d'autres ont échoué avant moi ? Je frémis à l'idée de devoir m'aventurer seul dans la jungle. Les *gringos*, au moins, étaient venus à plusieurs.

J'enchaîne les rencontres avec les Indiens du village... et les nouveaux refus. Les raisons qu'ils avancent ne sont pas toujours les mêmes, mais celle qui revient le plus souvent, c'est que de mauvais esprits protégeraient la forêt. En fin de matinée la chance me sourit finalement quand l'un d'eux, plus téméraire ou moins superstitieux que les autres, finit par accepter de m'accompagner. Le dénommé Agustín me demande d'où je viens. Bien que je parle correctement l'espagnol, j'ai toutes les difficultés du monde à lui expliquer ma traversée en bateau depuis l'hémisphère nord. Il hoche la tête poliment, mais je doute que cela lui semble clair.

Il faut en trouver...

Nous passons le reste de la journée à préparer nos sacs et à acheter ce dont nous aurons besoin: des sacs de farine et de riz, des *tostados* (grains de maïs grillé), des fruits par kilos, quelques boîtes de conserve, de la corde, une tête de pioche, des gourdes, des couvertures, une trousse à pharmacie rudimentaire, deux machettes... Pour nous aider à porter nos vivres, nous achetons également deux lamas. Je prends soin de garder précieusement quelques dollars en poche afin de pouvoir payer mon guide.

Le soir, ce dernier m'invite à dormir dans sa maison: nous partageons le dîner dans un silence monacal, puis allons nous coucher de bonne heure. Demain, c'est le saut dans l'inconnu!

La nuit est encore difficile pour moi: l'excitation m'empêche de trouver le sommeil. Dans un rêve, je crois apercevoir la cité perdue qui me hante depuis des semaines, mais alors que je m'en approche, la forêt finit par se refermer sur moi telle la mâchoire d'un félin.

***

Jour 3

Je suis réveillé en sursaut par le chant du coq. En me levant je tombe nez à nez avec Juanita, la femme d'Agustín, mon guide. Elle est déjà affairée dans ce qui ressemble vaguement à une cuisine et me demande de veiller sur son mari. Je suis touché par cette requête, même si, pour être honnête, je compte plutôt sur lui pour prendre soin de moi! C'est à cet instant que je réalise que ma « lubie », comme mes amis appellent ma quête, engage désormais quelqu'un d'autre que moi.

C'est le jour du grand départ. Je relis une dernière fois les précieux documents que j'ai patiemment retranscrits et dans lesquels la cité perdue ainsi que les étapes qui permettent de l'atteindre sont décrites avec beaucoup de détails. Agustín, avec qui j'ai partagé ces éléments - du moins une partie, ne sachant pas encore le niveau de confiance que je peux lui accorder - m'a indiqué connaître avec certitude le début de notre parcours. J'imagine qu'ensuite, nous aviserons!

Nous partons le cœur vaillant, et les sacs bien remplis. Le vent souffle fort dans la vallée et s'engouffre dans les étoffes indigo qui nous servent de paquetages. La première journée de marche se déroule sans encombre. Nous allons bon train. Les lamas jouent parfaitement leur rôle de porteurs, ce qui me permet de m'acclimater à l'altitude. Les paysages que nous traversons sont magnifiques, mais se ressemblent énormément pour mon œil non averti. Sans Agustín, j'aurais été totalement déboussolé et je serais probablement déjà en train de rebrousser chemin.

La nuit tombe tôt et sans prévenir. Agustín interrompt notre progression sur un plateau qui lui semble approprié pour installer notre premier camp de base.

***

Jour 4

Agustín se révèle être un compagnon de route hors norme, bien que peu disert pendant nos deux premiers jours de marche. Il avance bien plus vite que moi malgré le gros sac qu'il a décidé de porter pour soulager les lamas, que nous avions trop chargés.

En milieu de journée, nous nous retrouvons face à un *río* dont le courant est particulièrement fort en raison des pluies importantes des jours précédents. Agustín m'indique qu'il lui semble difficile à franchir à cause de la crue, d'autant plus avec deux lamas. L'eau paraît

Vérité et
ciel sont liés…

(1,2) (1,1) (2,4) i C i
(2,3) (3,3) D (4,1) (5,5) (3,2)
(3,3) (3,4) (1,1) C i (5,5)

peu profonde, mais c'est vrai que le courant est violent et je ne connais rien à la stabilité des lamas en milieu aquatique! Agustín me propose de patienter quelques jours, le temps que le niveau de l'eau redescende, mais je ne compte pas m'arrêter à la première difficulté. À ma demande, il abat donc quelques arbres qui bordent la rive, puis les fait chuter avec beaucoup d'adresse en travers du *río*. Il crée ainsi une sorte de pont de fortune, grâce auquel nous pouvons passer sans risque d'être emportés par le courant. Soudain, un lama se coince la patte entre deux des troncs et se met à paniquer. Dans la seconde, Agustín rebrousse chemin sans craindre l'eau tourbillonnante, saisit fermement l'animal par la corde et parvient ainsi à le faire traverser sain et sauf.

Avoir surmonté cette épreuve nous met du baume au cœur. Même le soleil est de la partie et semble nous encourager en séchant nos vêtements trempés. Quant aux lamas, apparemment satisfaits de cette baignade impromptue, ils me donnent presque l'impression de sourire. J'immortalise cet improbable « portrait de famille » par un croquis rapide.

Le soir, sous un ciel étoilé, Agustín me demande pourquoi j'ai fait un si long voyage vers la terre de ses ancêtres. Je n'ose lui parler des richesses décrites dans le manuscrit à l'origine

2 - 5 - 10 puis 1 - 8

de mon aventure. Je décide tout de même de lui lire le passage qui raconte que, jadis, des peuples aujourd'hui disparus seraient venus de contrées lointaines pour faire des offrandes dans ce lieu singulier. Je vois dans son regard que cette dimension spirituelle l'interpelle et que, pour lui, la cité est un lieu sacré.

***

Jour 5

Nous reprenons notre route de bonne heure. Je suis rassuré car Agustín s'oriente avec une facilité déconcertante. Il me dit que, plus jeune, il aimait partir à la découverte de nouveaux lieux, dormir à la belle étoile, et revenir à son village la tête remplie de souvenirs.

Malheureusement le reste de la journée va s'avérer particulièrement éreintant pour moi. Nous marchons en plein soleil et il n'y a quasiment aucune végétation pour nous protéger. L'exposition prolongée à l'astre brûlant finit par avoir raison de moi. Je titube et manque défaillir. Par chance, Agustín s'en aperçoit et m'aide à me réhydrater. Épuisé, j'essaie de monter sur l'un de nos lamas pour me reposer, mais celui-ci refuse catégoriquement. Agustín m'explique que ce sont des bêtes de somme résistantes mais qui ne peuvent pas supporter le poids d'un être humain. Je ne parviens pas à renoncer à avancer, mais je souffre beaucoup. La fatigue et l'insolation me font perdre toute notion du temps.

C'est avec un grand soulagement que je vois finalement Agustín s'arrêter dans une petite vallée pour installer notre camp. À peine les animaux déchargés, il part pêcher avec son filet. Cet homme ne perd jamais une minute ni une occasion d'économiser nos réserves alimentaires. Il revient malheureusement peu de temps après son départ, bredouille. Le courant était trop fort pour installer son filet.

Ce soir, assis dans l'herbe, nous regardons disparaître le soleil à l'horizon. Agustín me confie que lorsqu'il était enfant, il croyait que l'astre mourait chaque soir pour mieux renaître le lendemain. J'hésite à me lancer dans des explications sur la rotation de la Terre autour du Soleil et décide de me taire. Nous restons ainsi sur son interprétation, moins scientifique mais plus poétique. Bien que la nuit ne soit pas encore tout à fait tombée, les premières étoiles sont déjà visibles. Mon compagnon me demande si je crois aux malédictions. Je lui réponds que non, que j'ai une approche rationnelle des choses, et je lui retourne la question. D'un ton très sérieux, il me dit en levant son index vers le soleil, que c'est lui qui nous indiquera si notre présence est la bienvenue ou non.

***

Jour 6

Réglé comme une pendule, Agustín se réveille le matin à la première heure, alors que le soleil ne point pas encore à l'horizon. Il commence systématiquement la journée en nous préparant un petit-déjeuner, puis s'affaire à lever le campement. De mon côté je suis un peu plus long au démarrage.

Mon mal de tête est passé, nous avançons maintenant à un bon rythme. Soucieux du retard engendré par l'épisode de la traversée de la rivière, puis par mon insolation, je demande à mon guide si nous nous sommes déjà beaucoup éloignés de son village. Il part d'un grand éclat de rire, puis me répond qu'il nous reste encore une très grande partie du chemin à parcourir avant d'atteindre la cité.

Nous causons peu pendant nos heures de marche, tous les deux concentrés sur l'objectif d'avaler un maximum de kilomètres. Le soir, en revanche, c'est relâche. Assis au coin du feu, nous nous posons librement toutes sortes de questions.

L'un précède une étoile,
L'autre suit une illustration.

Quand des mots nous manquent, nous les esquissons dans la terre rouge, à l'aide d'un bâton. Je trouve fascinant de voir à quel point le dessin est une langue universelle.

Avant de me coucher, j'observe Agustín qui fait face à la voûte céleste, très solennel. J'en viens à me dire que, d'une certaine manière, c'est peut-être lui ma bonne étoile dans cette aventure.

***

Jour 7

Le terrain devient de plus en plus difficile pour nos lamas. Certes, ils nous déchargent d'un grand poids, mais ils nous font également perdre beaucoup de temps dès qu'il s'agit de franchir des passages escarpés. Ils nous obligent fréquemment à nous déporter de plusieurs centaines de mètres afin de trouver une voie praticable pour eux. Les traversées de rivières sont également un véritable enfer, où ils risquent à chaque instant d'être emportés par le courant. La perte d'un animal serait déjà dramatique, mais c'est surtout la potentielle disparition de nos sacs de vivres qui nous terrifie! Combien de temps pourrions-nous survivre sans nourriture? J'en arrive à penser que nous ferions mieux de nous débarrasser de notre matériel superflu et de continuer sans nos animaux pour aller plus vite.

Nous faisons un point avec Agustín et, à l'issue de notre conciliabule, c'est la mort dans l'âme que nous décidons de rendre leur liberté à nos amis à fourrure. Je me suis attaché à eux. Dans cette aventure que nous partageons depuis quelques jours, ils m'ont parfois semblé avoir de véritables réactions humaines. Aussi, sur un coup de tête, je décide de les baptiser Jules et Grégoire en hommage à deux camarades qui m'attendent au pays. J'explique ainsi à Agustín que nous les retrouverons sûrement à notre retour - comme moi, mes amis.

Alors que nos lamas s'éloignent, je cherche à prendre un peu de hauteur pour les saluer une dernière fois et escalade un monticule de pierres. Agustín me regarde exécuter ce numéro d'équilibriste sans comprendre sa finalité. Je pense qu'il trouve le spectacle divertissant jusqu'au moment où il me voit glisser sur la paroi et tomber de la plus grande pierre. Plus de peur que de mal, heureusement. J'en suis quitte pour quelques égratignures sur les avant-bras, le torse et le genou droit.

Après cette acrobatie bien inutile, nous décidons de repartir, moi titubant à moitié, et me maudissant de tant d'inconscience. Dans le but de nous alléger, nous nous séparons de plusieurs objets devenus accessoires, mais malgré cela nos charges restent très lourdes et nous cisaillent les épaules. J'ignore le poids exact de mon sac, mais il doit faire près de vingt kilos et Agustín doit porter pas loin du double.

Le soir, en montant notre campement, la tête me tourne sous le coup de l'effort redoublé. Je m'écroule dans l'herbe, respirant avec difficulté. Plus tard dans la soirée, alors que je fais mon point quotidien et que je tente de mesurer notre progression, je me rends compte que je ne sais même plus quel jour nous sommes... Le cerveau embrumé, je décide de remettre à demain mes calculs et m'endors d'une traite.

***

Jour 8

Aujourd'hui Agustín s'est arrêté bien plus souvent que les jours précédents pour se repérer. Je comprends que lui aussi navigue désormais en *terra incognita*. En le regardant, je réalise que la réussite de mon expédition, et surtout ma survie, reposent sur cet homme que je ne connaissais pas il y a encore quelques jours.

6 5

Inquiet à cette pensée, j'essaie de me remémorer notre parcours, si d'aventure mon guide venait à m'abandonner et que je devais rentrer sans lui. Mais la vérité, c'est que jusqu'à présent, je l'ai suivi quasi aveuglément. C'est tout juste si je me souviens de notre dernière étape qui, après la traversée d'une épaisse forêt, nous a menés aux vestiges de pierres d'un site qu'Agustín a semblé reconnaître - le lieu d'une de ses escapades de jeunesse, sans doute. Je sais maintenant qu'il me serait presque impossible de m'orienter seul. Rien ne ressemble plus à une forêt qu'une autre forêt. Comment faire pour ne pas se perdre? Peut-être sommes-nous d'ailleurs en train de tourner en rond?... J'en suis là de mon angoissante réflexion, quand mon compagnon de route l'interrompt en jetant son énorme sac par terre. La protubérance rocheuse sous laquelle nous nous trouvons lui semble parfaite pour passer la nuit à l'abri du vent.

Exténué, je retourne à ma rêverie, les yeux rivés sur le promontoire, pendant qu'Agustín installe notre camp. Soudain, la raison semble me quitter et l'espace d'un instant, je me persuade que je peux encore apercevoir, au loin, nos amis les lamas. Pris de folie, je m'élance à l'assaut du rocher, comme une vigie cherchant à escalader son mât pour scruter l'horizon. Et tel un enfant qui n'aurait rien appris de ses erreurs passées, je glisse cette fois encore sur le roc et me mets

3 4 _ _ _ 4 _ 2 _ 1

à dégringoler. Agustín, consterné, m'aide à me relever et me fait boire un peu d'eau. Revenu à la raison, je décide de renoncer définitivement à mes velléités d'alpinisme. Tant pis pour le point de vue et pour l'ultime salut à nos lamas.

* * *

Jour 9

Nous nous remettons en marche dès l'aube et passons au pied d'une montagne « qui crache du feu » selon l'expression d'Agustín. Curieux, je l'interroge: a-t-elle craché récemment? D'après lui, seuls les anciens l'ont déjà vue se mettre en colère. Il me précise que de nombreux sacrifices sont nécessaires pour calmer son courroux. Je n'ose pas demander quels types de sacrifices...

À la tombée du jour, sous un magnifique ciel orangé, nous atteignons une vaste plaine un peu enclavée dans laquelle nous décidons de monter notre campement. Une fois installés, nous dissertons, comme tous les soirs, sous un ciel rempli d'étoiles filantes. J'explique à Agustín que, là d'où je viens, il faut faire un vœu lorsqu'on a la chance d'en apercevoir une. Je vois à sa moue qu'il ne partage pas mon enthousiasme pour ces manifestations célestes. Je le sens

→ 1 2 3 _ 4 5 6 ... ?

soucieux. Il me fait comprendre que ces « astres chevelus », comme il les appelle, ont souvent accompagné de grands malheurs dans l'histoire de son peuple. Je ne peux m'empêcher de penser que si l'homme le moins superstitieux du village se met à voir de mauvais présages, c'est que son moral ne doit pas être au beau fixe.

Agustín commence à douter de l'issue de notre expédition et je suis incapable de trouver les mots pour le rassurer. Il va falloir que je redouble de vigilance avec lui: j'ai entendu trop d'histoires de porteurs qui filaient à l'anglaise. Je ne peux pas prendre le risque qu'il m'abandonne en cours de route.

***

Jour 10

Encore une journée de marche éreintante. Ce soir, au moment de nous arrêter, Agustín me fait signe qu'il a repéré une grotte et qu'il va l'inspecter.

Armé d'une torche, il s'approche prudemment de l'entrée de la caverne, qui pourrait bien servir de tanière à un puma ou à un autre félin. Les animaux carnivores sont légion dans la région. Je regarde mon ami disparaître, happé par l'obscurité de la grotte, tout en remplissant nos gourdes dans une source proche. Je pars ensuite couper quelques grandes feuilles à la machette afin de nous faire une sorte de tapis pour la nuit, quand un cri me tire de mes pensées. J'accours vers la grotte en me disant que le pire est peut-être arrivé, mais il n'en est rien. Au contraire, Agustín, hilare, me saisit le bras et m'entraîne: il veut me montrer quelque chose. L'atmosphère est inquiétante et il me semble entendre quelques chauves-souris qui s'envolent sur notre passage. Après quelques instants, il s'arrête net. La torche éclaire vraiment peu, et je ne vois pas tout de suite pourquoi il m'a amené ici.

Alors, mon compagnon approche lentement la flamme de la paroi et, face à nous, dans le halo lumineux, apparaissent de magnifiques peintures rupestres. À leur vue, je suis immédiatement transporté dans mes souvenirs. Je repense aux grottes que j'avais visitées, enfant, dans le Sud-Ouest, et aux scènes représentant des animaux aux robes « mouchetées » qui m'avaient hypnotisé.

Pendant que nous partageons notre frugal repas, Agustín, visiblement inspiré par notre découverte, m'explique que nombreux sont les lieux sacrés pour lui et ses ancêtres: grottes, lagunes, roches... Il ignore si les peintures que nous avons admirées sont récentes ou si elles remontent à plusieurs siècles, tant les croyances et le mode de vie de son peuple sont restés inchangés.

URE

TNAi

iLEN

Je l'écoute avec attention. Depuis mon départ, je me sens en communion avec cette nature sauvage qui nous met pourtant à rude épreuve. Je décide d'en dire plus à Agustín sur la finalité de notre expédition et sur le fabuleux trésor que je recherche. Son regard s'emplit alors d'une infinie tristesse et, dans un élan d'amitié, je lui promets que si nous trouvons le sanctuaire, nous n'emporterons avec nous que deux objets: l'un pour veiller sur son village et l'autre pour veiller sur le mien, loin d'ici, en France. Apaisé, il s'approche de moi et me serre dans ses bras avec beaucoup d'émotion.

DEE

***

FAi

Jour 11

Un grand malheur est arrivé aujourd'hui. Au petit matin, Agustín est parti chercher de l'eau et n'est pas revenu.

Lorsque je me suis réveillé, surpris de ne pas le voir, je suis parti à sa recherche et j'ai finalement découvert son corps sans vie dans un ravin proche de la source qui coulait près de notre campement. À quelques mètres de lui se tenait un oiseau blessé, l'aile cassée… Comme ce dernier, je me sens totalement impuissant. Deux ailes et

ALi

iLLE

c'est l'animal le plus libre du monde, survolant forêts, montagnes, cascades. Une seule et il se retrouve sans défense, proie quasi certaine du prochain animal sauvage qui croisera sa route. Je sais que, comme lui, ma fin est peut-être proche.

TRE

Depuis le drame, je reste assis, hébété, incapable du moindre geste. Je ne cesse de pleurer. Que vais-je devenir sans mon ami ?

***

iLLES CAPT

Jour 12

J'ai pu récupérer avec beaucoup de difficulté le corps d'Agustín au lever du jour. J'ai décidé de construire une sépulture pour mon fidèle ami. Près du petit cours d'eau où s'est déroulé le drame, je coupe à la machette quelques troncs de palmiers et grave à même le bois l'épitaphe de ce héros parti trop tôt. Je pense à sa femme. À ce qu'elle m'a dit avant notre départ. J'ai lamentablement échoué dans ma mission de veiller sur lui.

Malgré cet événement tragique et ma culpabilité, j'arrive à trouver la force de repartir me perdre dans ce dédale vert. Plus que jamais je veux aller au bout de ma quête. Je dois bien cela à mon infortuné compagnon.

U O S A
R N A S ' S E U
E H H C L A R T

Je reprends mes notes pour faire un point d'étape. Je recompte les jours écoulés depuis mon départ. Il me semble qu'aujourd'hui, c'est le solstice d'hiver. J'aurais aimé échanger à ce sujet avec Agustín car je sais que pour les Incas, c'est une date sacrée. Je ne peux retenir mes larmes à l'évocation de mon camarade. Peut-être aurais-je dû le prendre plus au sérieux quand il avait cru voir un mauvais présage dans le ciel ?

***

<u>Jour 13</u>

S = prénom

Je décide de poursuivre mon périple, bien que la motivation ne soit plus vraiment là. Je ne sais même plus si je suis sur le bon chemin. Je continue tout de même dans la direction qu'Agustín m'avait indiquée.

Le temps est très changeant et me complique la tâche. Sous cette latitude les saisons sont bien entendu très différentes de celles auxquelles je suis habitué, mais là, je suis littéralement confronté à plusieurs saisons au cours d'un seul et même jour. Il ne manque plus que la neige ! Pour être certain de garder le bon cap, je fais des pauses de cinq minutes toutes les heures, au cours desquelles j'observe les environs avant de repartir de plus belle.

U = ancienne île

N = si belle

_ _ ° _ _ ' N

_ _ ° _ _ ' W

M = ville ou

Alors que je suis perdu dans mes réflexions météorologiques et géodésiques, je tombe brusquement sur un village qui semble avoir été abandonné depuis peu. Enfin, village, c'est vite dit, il s'agit de quelques huttes d'aspect rudimentaire, construites avec quelques branchages et de grandes feuilles faisant office de toit. Des cendres indiquent que le camp était encore habité il y a quelques jours, peut-être moins. Je m'interroge sur ceux qui ont pu occuper les lieux. Le *padre* Pablo Maria avait bien évoqué la présence de chercheurs d'or près des rivières les plus aurifères de la région, mais nous sommes désormais bien loin de son village et cette hypothèse me semble donc peu plausible. Se peut-il que j'aie croisé la route de chasseurs nomades? Et surtout, cet endroit a-t-il été abandonné temporairement ou définitivement? Car, finalement, tout ce qui m'importe, c'est de savoir si ses habitants risquent de revenir, et surtout, s'ils sont belliqueux! Je fouille les différentes huttes, sans grand succès. Tout au plus, je trouve ce qui semble être du miel en pot, que je leur « emprunte ».

La découverte du campement m'inquiète. D'autant plus maintenant que je suis seul. Plus que jamais, je dois me tenir sur mes gardes.

B = est-ce

***

O = son

+3 +4 +12 -7 +8 +2 +6 +2

_ Oi _ _
E _ Ui _
_ ET

R = dans

Jour 14

J'ai à peine dormi et mon sommeil a été entrecoupé de réveils en sursaut tant je redoutais que les mystérieux habitants du camp ne tombent sur moi nuitamment. Je reprends la route très tôt, le soleil n'est pas encore levé et il me semble, lui aussi, avancer avec prudence ce matin.

Après plusieurs heures de marche, le chemin que j'emprunte s'arrête net. Le terrain s'est effondré et il me faut descendre la paroi à pic. Je pose mon sac, puis je me penche pour observer le contrebas. Il y a environ huit mètres et la pente est sacrément raide. Plusieurs options s'offrent à moi: tenter à nouveau de jouer à l'alpiniste au risque de chuter, rebrousser chemin à la recherche de la route alternative qui n'existe peut-être même pas, ou m'asseoir par terre en attendant je ne sais quel miracle... Je regarde à nouveau le ravin, conscient que le moindre faux pas me ferait rejoindre mon fidèle Agustín six pieds sous terre. Mais repartir en arrière signifierait prendre le risque de me retrouver face à ceux que j'appelle désormais « les inconnus du camp ». Ma décision est prise. Je vais tout d'abord faire glisser mon sac le long de la paroi, puis je descendrai à mon tour, en me collant au maximum à celle-ci et en invoquant les dieux incas de me laisser continuer l'aventure.

P = vers

L = la

♂ ♄ ☉ ♃ ☽ ☽

Il finit par trouver le - - - - - - - - -

À mi-parcours, la pierre sur laquelle j'étais en appui se décroche brusquement, je glisse de plusieurs mètres et me rattrape *in extremis* sur des reliefs saillants. La douleur est immédiate : je me suis sévèrement entaillé la paume de la main et le coude. Arrivé en bas du ravin, je panse mes plaies comme je peux avec des morceaux de tissu, puis m'effondre.

Quand je reviens à moi, le spectacle qui m'attend est tout simplement merveilleux : au centre de la cuvette dans laquelle je suis tombé se dessine la lagune décrite dans les archives. Je suis sûr que c'est elle !!! En son centre, je distingue un îlot presque vierge de végétation.

J'installe mon camp à la hâte avant la nuit, puis je relis encore et encore les documents qui m'ont conduit jusqu'ici. J'en ai la certitude : je suis sur la bonne voie. Je saurai bientôt si cette maudite cité existe ou non.

T = emplacement

E = se trouve

* * *

Jour 15

Comme Agustín me l'a expliqué, les lagunes étaient sacrées pour de nombreuses civilisations pré-incaïques dont les croyances ont perduré jusqu'à aujourd'hui. Dès les premières lueurs du

Quatuor Concertant 124

A = une

i = localisation

c = retrouve

jour, j'inspecte donc les alentours en espérant découvrir d'hypothétiques traces de présence humaine. Je trouve bien deux, trois ossements empilés, mais qui pourraient tout aussi bien indiquer le passage d'animaux!

Alors que je m'assieds face à la lagune pour reprendre des forces, j'ai l'étrange sensation que mon ami se tient à mes côtés. Je me mets à lui parler. « Crois-tu que d'autres hommes avant nous ont admiré ce paysage, *amigo*? Et à ton avis, comment le petit monticule de granit qu'on voit au milieu de cette étendue bleue est-il arrivé là? » Tout à ma conversation, je regarde le ballet végétal qui se déploie en bordure de l'eau, composé par ces gracieuses plantes que balaie le vent. Je poursuis: «Tu sais, Agustín, que tu portes le prénom de l'homme qui fonda l'Empire romain? Ce nom, oui, le tien, signifie "vénérable", "majestueux"...!» Malgré cette révélation fracassante, mon compagnon reste désespérément silencieux.

Je finis par interrompre ce long monologue. J'ai froid. Je remonte mes chaussettes et tire sur ma manche pour me réchauffer. Bien que le soleil indique qu'il est encore tôt, je vais essayer de dormir, maintenant.

***

H = où

Me_2 M_1 L_1 S_2 Me_3 M_1

L_3 L_3 V_1 J_2 M_1 J_3 M_3

Do = cuatro

Jour 16

Pendant la nuit, j'ai cru entendre des pas s'approcher de mon campement. Pris de panique je me suis enfui, laissant toutes mes affaires derrière moi. À quelques dizaines de mètres, tapi dans l'obscurité, j'ai entendu des hommes parler une langue qui m'était inconnue. Je suis resté jusqu'au petit matin, camouflé sous de grandes feuilles et des branches mortes que j'avais réunies à la hâte. Quand j'ai enfin osé sortir de ma cache, j'ai découvert avec effroi que je n'avais malheureusement pas rêvé cette scène. Mes sacs avaient été fouillés et tout mon matériel d'expédition avait disparu. Le pire, c'est que même mes aliments avaient été dérobés. Seul mon dernier sac de farine éventré gisait encore sur le sol!

Mais qui étaient ces hommes? J'envisage plusieurs hypothèses. Les habitants du camp? Peut-être. Des chercheurs d'or? Je continue à penser que nous sommes bien trop loin des derniers villages, et je suis certain qu'ils ne s'exprimaient pas en espagnol. S'agit-il d'une ethnie inconnue vivant dans la forêt? Et dans ce cas, quel est son degré de civilisation? Une dernière possibilité me fait frémir. Et si c'étaient les gardiens de la fameuse cité? De tels êtres sont en effet mentionnés brièvement dans mes documents. La légende dit qu'ils

Ré = cinco

Mi = la costa

Fa = villas de

veillent à ce qu'aucun étranger au cœur impur ne vienne profaner ce qui fut autrefois un lieu sacré. Je repense aux villageois qui étaient si effrayés à l'idée de mon expédition et à tout le mal que j'ai eu à convaincre Agustín de m'accompagner... Quelle que soit l'identité des pilleurs, je me dis qu'ils peuvent revenir à tout moment. Je décide donc de partir au plus vite. En fouillant les vestiges de mes affaires d'expédition, je m'aperçois que les hommes n'ont pas vu le miel que j'avais volé. J'en avale quelques bouchées à la hâte et entame ma nouvelle journée de marche. Mis à part ces maigres victuailles et ce qui me reste en poche (qui s'avère bien inutile là où je suis), je me sens dépossédé de tout.

Dans une espèce de chemin de terre, j'identifie des traces de pas d'animaux sur le sol détrempé. Sans réfléchir à la façon dont je pourrais me défendre si je venais à croiser d'éventuels prédateurs, je suis ces empreintes et me retrouve nez à nez avec... une petite maison en pierre à moitié effondrée. Quelle surprise! Bien qu'un tel bâtiment ne soit mentionné nulle part dans mes notes, je me dis que sa présence si loin de toute civilisation ne peut pas être due au hasard.

La maisonnette n'a plus de toit, mais je décide tout de même de m'y arrêter pour la nuit. Étrangement, elle me fait penser à la maison natale de ma grand-mère Jeanne. Pour essayer d'oublier

Sol = puertas de

La = la tierra

un peu la faim qui me tiraille, je repense avec émotion à ce lieu rassurant. Je m'endors bien avant la tombée de la nuit, bercé par la douce mélodie du gazouillis des oiseaux.

***

Si = la sierra

Jour 17

Je me réveille toujours plus affamé, mais la nuit m'a conforté dans l'idée que je suis sur le bon chemin. Tant mieux. Je ne pense pas pouvoir tenir encore longtemps ainsi. Il ne me reste plus rien des maigres provisions que mes pilleurs ont abandonnées derrière eux, et je dois me contenter d'avaler quelques racines en espérant qu'il ne s'agisse pas de plantes vénéneuses. Je repars.

Est-ce à cause de l'épuisement ou de la faim que j'ai manqué de vigilance ? Toujours est-il que j'en ai payé le prix fort. Alors que je me frayais un passage à travers la jungle avec ma machette, un serpent m'est tombé sur le bras. En deux temps trois mouvements je l'ai projeté au sol, mais il a réussi à me mordre. Je vois distinctement les deux points de ses crochets afilés dans ma chair. La blessure ainsi crée semble superficielle. J'espère qu'il ne m'a pas injecté beaucoup de venin car je n'ai plus rien pour me soigner, depuis que mes

Construit par les _ _ _ _ ?

affaires m'ont été dérobé. Je marche de plus en plus lentement mais je ne m'arrête pas.

Ce soir je m'écroule au pied de grands rochers. Quand, soudain, mon regard se pose à quelques mètres de moi sur les restes du cadavre d'un gros rongeur. Je sursaute! J'ai beau être à bout de forces, je m'éloigne un peu de ce spectacle macabre et me couche à même le sol, en me disant que c'est sans doute comme ça que je vais finir, moi aussi.

***

Jour 18

Au petit matin, les os qui me tenaient compagnie la veille se sont volatilisés. Ai-je été pris d'hallucinations ou des charognards ont-ils œuvré efficacement pendant mon sommeil? Ici, tout semble prendre vie et disparaître à un rythme accéléré.

Si la sensation de la piqûre du serpent s'estompe peu à peu de mon bras désormais marbré de marques violacées, la morsure de la faim est, quant à elle, toujours bien présente. Pourtant, je me sens désormais en parfaite harmonie avec les éléments. Je reprends mécaniquement ma route. Je ne sais pas où je suis ni où vont me mener mes pas. Je titube mais qu'importe?

La première des trois, la première des trois,
La deuxième des trois, la première des deux.

Tant que le soleil brille, je marche.

Le soir, épuisé, je m'étends là où je suis, sans plus chercher à me protéger. Je chantonne une comptine de mon enfance en relisant mes notes. Un beau colibri s'envole près de l'eau... Je pourrais presque croire que je suis au paradis.

* * *

Jour 19

En me réveillant ce matin, j'ai le front brûlant. Je ne sais pas ce qui est à l'origine de cette fièvre parmi tous les maux dont je suis atteint. Mon corps est couvert de piqûres d'insectes, j'ai peut-être contracté une maladie tropicale et les blessures que je me suis faites en tombant peinent à cicatriser à cause de l'humidité ambiante. Pour couronner le tout, les seuls aliments que j'ai ingérés ces derniers jours sont des plantes et des racines dont je ne suis même pas certain qu'elles soient comestibles...

De toute façon je n'ai plus le choix. L'idée même de mon retour à la civilisation me paraît impossible dans la condition physique qui est la mienne. Je dois donc continuer. Je demande à mon corps de me suivre encore un peu. Je ne veux pas mourir avant de l'avoir vue.

J'avance péniblement. La lassitude me gagne, j'ai l'impression que je pourrais errer ainsi pendant des années encore. Alors que mes jambes commencent à me lâcher, je crois distinguer le tumulte d'une cascade, au loin. Ou peut-être est-ce que ce sont mes oreilles qui bourdonnent? À mesure que je m'approche, le bruit est de plus en plus prononcé. Ce sont bien des chutes d'eau! Elles sont magnifiques. Je m'effondre dans l'herbe, affamé et épuisé. Apaisé par le son cristallin, je ferme les yeux. À moitié délirant à cause de la fièvre, j'ai l'impression de quitter mon corps et de survoler la forêt.

J'écris mes souvenirs de ce voyage astral entre chien et loup, je lutte pour m'en remémorer les détails. Je me revois planant derrière un renard brun à l'allure très rapide qui saute dans les feuillages avant de disparaître… De très nombreux oiseaux m'accompagnent. Ensemble nous survolons les majestueuses chutes. Puis d'un coup je sens que je perds le contrôle. Ces va-et-vient en altitude m'ont donné la nausée ou le vertige. Probablement les deux. Je suis en train de tomber.

J'ouvre les yeux, je me retourne péniblement et vomis ce que mon ventre veut bien rendre, c'est-à-dire bien peu de choses. Je prie pour que ce dernier sursaut de mon corps soit un mécanisme de défense contre un éventuel empoisonnement. Ce rejet me sera peut-être salutaire. Je rédige

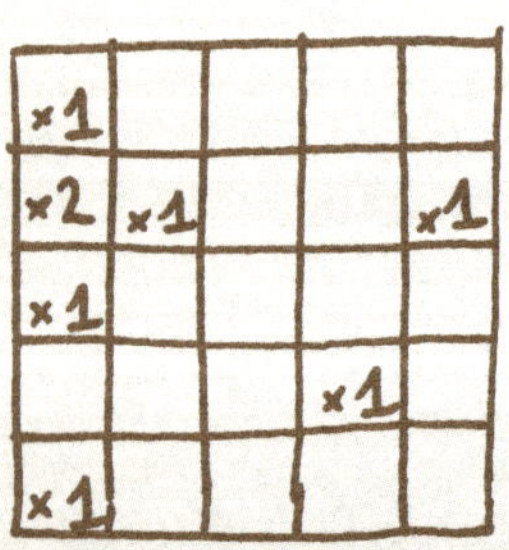

ces lignes alors que je sombre dans un sommeil comateux. J'espère avoir la force de me réveiller demain. Si ce n'est pas le cas, tant pis, c'est un bel endroit pour s'éteindre.

* * *

Jour 20

Je suis réveillé par un soleil brûlant. Je me sens mieux, même si la faim me fait encore souffrir.

Je décide de me remettre en route. Mon objectif est désormais de trouver à manger coûte que coûte. Cette fichue cité peut bien attendre. J'avance lentement. Je remonte la pente, au sens propre comme au figuré. Je m'extirpe d'une petite butte d'où une nuée d'oiseaux s'envole. Et devant moi, des fruits. Les arbres en sont couverts, d'autres encore jonchent le sol. Je suis au cœur d'un verger merveilleux. Je complète mon festin de quelques œufs que je vole dans des nids d'oiseaux. Je me jette dessus tel un animal sauvage et engloutis tout ce que je peux, avant de m'effondrer à nouveau. Rassasié cette fois.

Allongé dans l'herbe fraîche, je repense à la folie de ce projet. Tant d'années consacrées à mes recherches en archives! Combien d'aventuriers sont morts avant moi en tentant de relever ce défi?

L.XIV 303 - 184 - 63

Pour la première fois depuis plusieurs jours je m'endors sereinement. Je n'ai plus faim. Je n'ai plus mal. Je n'ai plus peur.

***

Jour 21

R
E
E
E
S
E
T
C

Cette nuit j'ai encore fait un songe. Un condor m'accompagnait vers la cité perdue. Est-ce que tout cela a encore un sens ? Je serre mes notes contre moi. Les feuilles sont désormais trempées de boue et de sueur. Je relis cette phrase en boucle, comme un mantra : « La cité perdue renferme un secret. » Les esprits de la forêt me jugeront-ils digne de le découvrir ?

Je remplis mon sac de fruits et me mets en route. Peu à peu, l'horizon se dégage devant moi. Je l'aperçois enfin. Ma cité. Bien entendu, après toutes ces années la nature a repris ses droits. La terre, la mousse et la végétation en ont recouvert une grande partie, mais c'est bien un mur long de plusieurs mètres qui se dessine devant mes yeux. Survolté, je m'élance en courant vers ce site dont j'ai si longtemps rêvé.

Je trouve rapidement l'emplacement du sanctuaire décrit dans les archives. Un éboulis de pierres en obstrue l'entrée. Tel un possédé, je les arrache une à une. J'ai les doigts en sang, mais je ne ressens plus la douleur. Comme une dernière épreuve envoyée par je ne sais quelle divinité, la pluie se met à tomber violemment. Mais loin de me décourager, cela me galvanise. Les animaux qui observent probablement cette scène ne doivent pas comprendre la rage qui me porte dans ces derniers instants.

La pluie fait place à un beau soleil maintenant. La nature s'avouerait-elle vaincue devant ma ténacité? J'arrache les dernières racines récalcitrantes, et la grosse pierre qui bouchait encore le passage s'écroule à son tour dans un nuage de poussière. Un trou apparaît, dans lequel je me faufile. Je n'ai plus de feu depuis longtemps, seuls les quelques rayons du soleil qui ont réussi à se frayer un chemin derrière moi éclairent délicatement l'intérieur de la pièce. Je distingue un reflet jaune sur un objet posé à même le sol. Je reconnais alors le scintillement si caractéristique de l'or! Je saisis l'objet et retire la fine pellicule de terre qui le recouvre. C'est une magnifique statuette qui représente le seigneur de Sipán. À côté d'elle figure une autre idole. À mesure que mes yeux s'habituent à l'obscurité, j'en discerne des dizaines d'autres. Tout au fond du sanctuaire, une imposante statue de près de deux mètres semble me regarder d'un œil inquisiteur. Le spectacle est grandiose.

Les documents disaient donc vrai!

Pourquoi et comment des peuples des montagnes sont-ils venus construire une cité en des lieux si reculés? Combien d'années me séparent de ces fabuleux bâtisseurs? Qui est l'auteur du mystérieux manuscrit qui m'a mené jusqu'ici? Nul ne le saura jamais.

Peu importe, j'ai retrouvé la cité d'or perdue.

* * *

<u>Quelques mois plus tard</u>

Soleil orange

La lune

Si bleu

Comme je l'avais promis à mon ami Agustín, je ne pris que deux idoles. Le chemin du retour fut moins ardu que je le redoutais. Était-ce parce que la forêt me jugeait digne de repartir? Ou simplement parce que mon corps s'était finalement habitué à toutes ces privations ? Je ne saurais jamais vraiment ce qui s'est passé au cours de mes derniers jours dans la jungle. Je me souviens confusément d'avoir erré, halluciné, jusqu'à finalement me retrouver un matin dans le village d'où j'étais parti...

18 30 44 1 65 32

7 43 54 35 57

RÈGLEMENT DU JEU

Article 1. Organisation

Les Éditions AZ - dénomination commerciale « Éditions du Trésor » -, SARL au capital de 400 000 € immatriculée au RCS de Paris sous le numéro 539 392 266, dont le siège social est situé au 38, rue d'Aboukir 75002 Paris et représentée par son gérant, Julien Alvarez, organisent, en publiant le livre intitulé *L'Or de Sipán* (ci-après appelé « Livre »), un jeu-concours sous la forme d'un jeu de sagacité.

Article 2. Participation

Ce jeu de sagacité (ci-après appelé « Jeu ») est ouvert à toute personne physique à l'exception de l'auteur, du personnel des Éditions AZ, ainsi que des membres de leur famille (conjoints, pacsés, concubins, ascendants, descendants et collatéraux directs) et de toute personne ayant directement ou indirectement participé à la conception, à la réalisation ou à la gestion du Jeu. Pour les mineurs, la participation au Jeu est effectuée sous le contrôle et la responsabilité des parents ou des représentants légaux.

La participation de toute personne physique est nécessairement individuelle : elle ne peut donner lieu à un collectif, ou mise en association, ou groupement de quelque nature que ce soit.

Article 3. Principe

Le Jeu nécessite la résolution des énigmes contenues dans le Livre, disponible dans les points de vente au détail (physiques et en ligne) l'ayant référencé. Les énigmes intégralement résolues et leurs solutions parfaitement comprises permettent de déterminer l'emplacement d'un coffre situé en France métropolitaine, contenant la procédure permettant au joueur de se signaler. Le Livre identifie les indices nécessaires et suffisants pour déterminer l'emplacement du coffre. Toutefois, l'inscription à la newsletter proposée sur le site web de la maison d'édition du Livre (editionsdutresor.com) et/ou à la page Facebook du Livre (facebook.com/lordesipan) permettra aux participants, sans être une obligation, d'accéder à des indications supplémentaires.

Article 4. Durée

Le Jeu débutera à la date de parution du Livre, le 25 mars 2021, et prendra fin le jour où un joueur personne physique aura été déclaré gagnant selon les critères de l'article 5, ou, au plus tard, le 26 mars 2023 à minuit (heure française), si aucun gagnant n'a été désigné avant cette date. En cas d'absence de gagnant tel que défini à l'article 5, les Éditions AZ pourront décider, soit de remettre le lot en jeu dans le cadre d'un nouveau jeu-concours, soit d'attribuer le gain au profit de toute entité caritative ou humanitaire de leur choix.

Article 5. Désignation du gagnant

Sera déclarée gagnante la personne qui cumulativement : 1/ aura retrouvé l'emplacement du coffre enterré en France métropolitaine, 2/ sera en possession dudit coffre et de l'élément qu'il contient, 3/ aura mis en œuvre la procédure d'identification indiquée dans le coffre, 4/ aura communiqué son identité précise et ses coordonnées aux Éditions AZ, 5/ aura expliqué en détail la méthodologie correcte de résolution des énigmes, en présence d'une personne désignée par les Éditions AZ.

Si la personne refuse de se plier à toutes ces exigences ou s'il s'avère qu'elle a commis une irrégularité, elle ne pourra se voir attribuer la qualité de gagnant. Dans ce cas, les Éditions AZ pourront décider, soit de poursuivre le Jeu, soit de cesser le Jeu et, le cas échéant, d'attribuer le gain au profit de toute entité caritative ou humanitaire.

Article 6. Valeur du gain

La qualité de gagnant donne droit à l'attribution d'un gain prenant la forme d'un lot composé d'une statuette

« L'OR DE SIPÁN »

en or 18 carats et aux yeux d'émeraudes réalisée en 2019 par la maison de joaillerie Motché. Cette pièce est certifiée unique. Sa valeur a été estimée à cinquante mille (50 000) euros au jour de l'achat. Ce lot sera remis sous un délai de trois (3) mois après la détermination du gagnant, en présence d'une personne désignée par les Éditions AZ. Le gagnant sera seul responsable du paiement d'éventuels droits, notamment fiscaux, dus à la date d'attribution de ce lot.

Article 7. Remise du gain

Le gagnant accepte que la remise du gain soit effectuée en présence des médias et il ne s'opposera pas à ce que l'opération soit éventuellement diffusée à la radio et/ou à la télévision et/ou sur Internet et/ou sur toute autre plateforme de diffusion (mobile ou autre). Le gagnant accepte également que son nom, sa photo ou tout reportage filmé sur le Jeu ou ses solutions puissent être utilisés à des fins promotionnelles par les Éditions AZ sans qu'il ne puisse prétendre à rémunération de ce fait.

Article 8. Responsabilité

L'auteur du Livre indique que l'emplacement du coffre au trésor ne se situe pas sur un terrain privé. En conséquence, il appartient aux participants d'opérer leurs recherches dans le strict respect de la réglementation et particulièrement de ne commettre à cette occasion aucun fait, dommage ou autre qui puisse engager leur responsabilité. Notamment, les participants s'engagent, à l'occasion de leurs recherches, à respecter tous droits de propriété, de jouissance, de servitude ou autres, ainsi que tous les droits des tiers. L'auteur du Livre et les Éditions AZ déclinent toute responsabilité en cas d'engagement, par un tiers notamment, de la responsabilité du participant, dans le cadre de la participation au Jeu, et notamment si des atteintes, dommages ou faits fautifs sont commis par les participants au Jeu, de quelque nature et à quelque titre que ce soit. Les participants garantissent donc l'auteur du Livre et les Éditions AZ, ainsi que leurs mandataires, préposés, représentants, sous-traitants, contre les conséquences d'éventuelles poursuites engagées par des tiers de ce fait et renoncent à entreprendre toute action à l'encontre de l'auteur du Livre, des Éditions AZ, de leurs mandataires, préposés, représentants, sous-traitants, et ce, quel qu'en soit le motif.

Article 9. Règlement

Le fait de participer à ce Jeu implique l'acceptation pleine et entière du présent règlement déposé auprès de la SCP Adam – Huissiers de Justice – 99, rue de Prony 75017 Paris. Tout différend quel qu'il soit pouvant naître du présent règlement sera soumis aux tribunaux compétents de Paris.

Article 10. Informatique et libertés

Les informations nominatives recueillies dans le cadre de l'abonnement à la newsletter du présent Jeu sont traitées conformément à la Loi « Informatique et Libertés » du 6 janvier 1978 et au règlement général sur la protection des données (RGPD). Elles sont exclusivement destinées aux Éditions AZ et ne seront pas utilisées à d'autres fins. Tous les participants disposent d'un droit d'accès, de modification, de rectification et de suppression des données les concernant et peuvent en effectuer la demande par mail à l'adresse : contact@editionsdutresor.com.

Le gagnant autorise expressément les Éditions AZ à utiliser à titre publicitaire ou de relations publiques ses coordonnées (nom et prénom), sur quelque support que ce soit, sans restriction ni réserve, et sans que cela lui confère un droit à rémunération ou un avantage quelconque autre que l'attribution du lot, pour une durée maximale de deux (2) ans.

Textes
Bastien Lebaudy

Illustrations
Mathilde Payen

Direction de la publication
Julien Alvarez
Édition et fabrication
Lorraine Chouty
Conception graphique
Patrice Renard

Impression réalisée
par Corlet imprimeur
pour le compte des
Éditions du Trésor
en avril 2021

ISBN : 979- 0-91534-57-4
Dépôt légal : mars 2021
N° d'imprimeur : 21040040
Imprimé en France